DU BARD

DE CHASAN, TERNANT ET CURLEY

PAR

Jules DU BARD DE CURLEY

CHALON-SUR-SAONE

MARCEAU, E. BERTRAND, Sʳ, IMPRIMEUR-ÉDITEUR

5, Rue des Tonneliers, 5

M DCCC XCVIII

DU BARD

DE CHASAN, TERNANT ET CURLEY

NOTICE GÉNÉALOGIQUE

DU BARD

DE CHASAN, TERNANT ET CURLEY

PAR

Jules DU BARD DE CURLEY

CHALON-SUR-SAONE

L. MARCEAU, E. BERTRAND, Sr, IMPRIMEUR-ÉDITEUR

5, Rue des Tonneliers, 5

M DCCC XCVIII

DU BARD

DE CHASAN, TERNANT ET CURLEY

———

Le nom de cette famille est écrit dans le corps des pièces officielles : de Bart, de Bar, de Bard, De-bard, du Bard, du Bar, Dubar, Dubard.

L'orthographe varie d'une pièce à l'autre selon les individus désignés, d'une pièce à l'autre pour la même personne, dans la même pièce pour le même.

Les formes les plus fréquentes sont Dubard et du Bard.

Les signatures apposées au bas des actes publics par les membres de la branche qui nous occupe ont pu être relevées depuis 1600. Elles sont assez nombreuses et portent uniformément : du BARD.

Nous trouvons les du Bard établis en 1500 à VERGY.

———

VERGY

(Virgeium, Virzeium, Vergiacum, Vargiacum,
Vergè, Vergey, Vergié, Vergier. — Latitude, 47°,
9′, 54″. Longitude, 2°, 33′, 59″.)

Ce fut primitivement un castrum, fondé, dit-on,
par Virginius, capitaine romain, sur le côté oriental
d'une montagne à laquelle il donna son nom.

Vergy se trouva plus tard au cœur du duché de
Bourgogne. Un château remplaça le castrum. On eût
dit un navire pétrifié au sommet d'un mont, car il
avait la forme d'un vaisseau. Il était long de 300
toises et large de 5 et 1/2. L'esplanade pouvait con-
tenir deux bataillons. Il était environné d'un vallon si
vaste et si profond, qu'un seigneur de Vergy, ambassadeur en Espagne, pouvait dire : Tout le foin de la
Castille ne remplirait pas les fossés de mon château.

Il est à croire qu'il dit cela en castillan. Cette forteresse était réputée inexpugnable. Louis VII l'offrit comme telle, en 1159, pour s'y retirer, au pape
Alexandre VII, qui fuyait la colère de l'empereur
Frédéric : « Vergyacum castrum, quod erat inexpu-
gnabile. »

Autour du château, se groupèrent un bourg et un
monastère.

En l'an 673, Guérin, comte de Poitiers et du palais,
frère de saint Léger, évêque d'Autun, fils du leude
Bodilon et de sainte Sigrade, neveu par celle-ci de
Bereswinde, femme d'Athalaric, duc d'Alsace, des

Suèves et des Allemands, et enfin seigneur de Vergy, fut martyrisé à Vergy même, par les émissaires d'Ébroin, maire du palais.

Il fut lapidé sous un chêne, qui se dressait à l'extrémité de la plateforme. Ce lieu s'appelle encore Couard (a quercu). Quand le chêne mourut, une croix fut érigée à sa place.

« Avant la démolition du château qui eut lieu en 1609, le corps du couvent allait en procession le dimanche de Pâques Fleuries, après la bénédiction des rameaux, au bout du château, au lieu appelé Le Couard....., au même lieu où saint Guérin fut lapidé. A cette procession, les religieux allaient solennellement revêtus, portant la châsse de saint Vivant, et après l'évangile chanté, se faisait la prédication, par le sieur prieur de S. V. ou par lui député. Là se trouvaient les chanoines chapelains desservant l'église collégiale de Saint-Denys. » (Dom Crevoisier.)

Quant aux reliques de saint Guérin, elles furent d'abord dans son tombeau. Ce tombeau est dans la grande église de Saint-Vivant, au croison de vers le haut de la montagne, marqué d'une tombe plate sans écriture. Sur icelle une pierre taillée en croix élevée d'environ trois pieds, posée sur deux piliers, par dessous laquelle passent à genoux dévotieusement les pèlerins (it.).

Il y avait aussi une châsse dont voici l'inscription :

« Beatus Guerinus, cujus haec sunt sacra ossa, frater fuit Beati Leogarii martyris. Hunc, tempore Theodorici regis galli, cum adversus cùm Ebrionus, qui tunc major Domus existebat, quasdam simulasset

insidias, diabolo instigante, jussit lapidibus occidi.
Quod cum factum fuisset, a quibusdam nobilibus
et religiosis viris sepultus est in monte Ver-
goiaco, juxta moenia castri ; cujus orationibus a Deo
adjuvari devota mente poscimus, et quem in terris
tamquam patronum ob honorem martyrii veneramur,
advocatum in cœlis pium habemus apud patrem
nostrum qui vivit et regnat per omnia sœcula sœcu-
lorum. Amen. »

L'an 880, Manassès le Viel, seigneur de Vergy, fit
transporter à Vergy, les reliques de saint Vivant,
confesseur, en Poitou. Il fit construire sur l'empla-
cement même du tombeau de saint Guérin, une
église en l'honneur de saint Vivant, puis un monastère qu'il dota richement en abbaye pour 28 religieux. Le monastère a toujours porté ce titre.

Manassès et Hermangarde, sa femme, furent ense-
velis dans le cloître près de la porte de la grande
église.

« Au cloître, entre la porte de la grande église et
celle du chapitre, est une tombe plate, élevée d'environ trois pieds ayant par le devant une table de
pierre rouge, taillée en petites arcades incluse dans
la muraille d'environ un pied et demi, sous une
voûte dans une autre sculpture, en dessus de
laquelle, contre la muraille, est l'image de Notre-
Dame, assise en un trône, à ses côtés deux anges en
pied, tenant chacun un encensoir et par derrière
iceux, le comte Mannassès, et la comtesse Hermangarde, à genoux, les mains jointes et élevées. Le
comte vêtu d'un long habit et par dessus, un man-
teau à manches et à chaperon derrière la tête, et la
comtesse, d'autre part aussi à genoux, les bras

étendus. A leurs pieds, le long de l'arcade est écrit :
« Hic jacent Manasses comes et Hermangardis come-
tissa hujus monasterii fundatores. »

A ce tombeau se faisait la prière en procession, le
premier mercredi de carême, après la messe de
l'anniversaire solennel et particulier.

Au portail de la grande église, au-dessus de la
grande porte, est l'image de la V. M. en relief, assise en un trône et à chaque côté un ange tenant un
encensoir, et par derrière iceux en bas-relief le C.
et la C. M. et H. en la même posture et vêtement
qu'ils sont représentés sur leur tombeau.

En la sacristie est une ancienne chasuble en drap
de soie blanche gardée pour un monument d'anti-
quité. Sur l'orfroi, derrière, qui est un tissu de broderie en une croix, est figuré un autel, et sur icelui,
un calice, au-devant un prêtre à genoux, revêtu en
chasuble ayant sur les bras un vêtement qu'il présente comme offrant. Par dessus est écrit en lettres
de broderie :

« Frater Petrus offerens super altare hoc vesti-
mentum integrum sacerdotale. »

Plus bas, sont à genoux en priant le C. et la C.,
s'envisageant l'un l'autre, les bras étendus, à mains
jointes.

Le sommet oblong de la montagne occupé par le
château allait du Nord au Midi. Le château se dressait à la partie septentrionale. Puis venaient les
bâtiments et la tour du chapitre de Saint-Denys fon-
dée en 1023 par Humbert de Vergy. C'était une
seconde église à côté de celle du château. On voyait
encore en 1850 la pierre tombale d'Anseric, archi-
prêtre et chanoine de Vergy, qui testa en 1270. La

pierre a 5 pieds 1/2. Anseric porte une chasuble lar-
gement flottante. Après le bâtiment chapitral, venait
un pont-levis et la maison du gouverneur, appar-
tenant aux Saumaise depuis 1300. Le monastère de
Saint-Vivant s'étendait au midi. Il y avait un cloître
fermé au nord par l'église abbatiale. Le bourg était
assis sur le versant oriental, entre l'église de Saint-
Saturnin et le village de Curtil.

La forteresse, avec tout ce qu'elle contenait, a été
rasée par ordre d'Henry IV. Le bourg s'est peu à
peu dépeuplé. Le monastère a été renversé par la
Révolution et nous ne savons ce que sont devenues
les reliques insignes qu'il abritait. L'église de Saint-
Saturnin subsiste.

L'époque de sa fondation ne nous est pas connue.
Elle a deux chapelles, celle de saint Jean-Baptiste
et celle de Sainte-Barbe. La première est la plus ancienne. Les du Bard y avaient droit de sépulture de
temps immémorial. Les ornements, y compris l'autel
dont ils l'avaient décorée, ont disparu, dans la première moitié de ce siècle, par la fantaisie des desser-
vants. La chapelle de Sainte-Barbe a été construite
par les Esmonin. On y voit encore la tombe de
Jehan Esmonin. L'ornementation de cette chapelle
présente partout les roses à cinq feuilles (quintes-
feuilles) et des figures d'animaux assis qu'on pour-
rait prendre pour des ours ou des écureuils et qui
sont en réalité des singes.

Plus de trente villages relevaient de la tour de
VERGY.

Les plus rapprochés étaient Curtil, Segrois,
L'Étang et CURLEY.

Courtépée donne deux seigneurs à Curley :

« Curley (CURLEYUM), a deux seigneurs, M. du Bar et M. Massol de Collonges. » En fait, une partie de la seigneurie de Curley, appartenait au roi. M. Massol de Collonges n'était que seigneur engagiste.

Les du Bard sont-ils originaires de Vergy ? Viennent-ils d'une des localités sises dans le département de la Côte-d'Or et dont ils portent le nom, Bar-le-Régulier, Bar-les-Prévôtées, Bar-sur-Seine ? Ces noms ont subi des changements. Les deux premiers sont devenus Bard, comme Montbar est devenu Montbard. On les a fait précéder de l'article On a dit le Bar et le Bard. Il s'en est suivi du Bar et du Bard. L'article a été joint au nom. On a eu Dubar et Dubard, sans compter Debard.

Jean de Bar, seigneur de Saint-Seine sur Vingeanne, devient de Bard, Debard et Dubard. Pierre fils de Thibaut, comte de Bar, devient Pierre Dubar...

Ces variations, sans grand inconvénient pour l'histoire proprement dite des familles, peuvent jeter parfois quelque obscurité sur les origines.

Quoi qu'il en soit, nous trouvons les du Bar établis à Vergy vers le commencement du XVIᵉ siècle.

I

Yves du Bard

Yves (1500) (Vergy).

Épouse en premières noces : Jeanne Maistre, et en secondes, Denyse Boudrot.

Du premier lit, Philippe et Oudine.

Oudine épouse Johan Esmonin.

Les Esmonin sont une famille très ancienne, noble du temps des sires de Vergy. Elle a produit :

Johan Esmonin, chanoine du chapitre de Saint-Denys en 1520.

Claude Esmonin, vicaire général d'Autun et Chalon, abbé commendataire de Saint-Symphorien-les-Autun, grand archidiacre de la cathédrale (1724).

N. Esmonin, échevin à Nuits, 1566.

N. Esmonin, it., it., 1644.

Antoine Esmonin, commissaire d'artillerie en 1680.

Antoine Esmonin, lieutenant provincial d'artillerie, mort en 1758.

Antoine Esmonin de Dampierre, commissaire d'artillerie.

Antoine Esmonin, marquis de Dampierre, président à mortier, au Parlement Meaupou.

Les Esmonin sont alliés aux Prévôst de la Pallu, aux Courtot de Millery et de Cissey, conseillers des ducs de Bourgogne et anoblis en 1428 par Philippe le Bon, aux Thureau de Bouilland, aux Lantin de

Montcoy, aux Laramisse, aux marquis de Saint-Seine et aux marquis de Villette, en Savoie.

Jehan fonda la chapelle de Sainte-Barbe, dans l'église de Vergy, pour trois chapelains, à la nomination des Esmonin.

Armes primitives : de gueules à un singe assis sur une terrasse de sinople, tenant dans la main un trèfle d'argent, et un chef de même, chargé de trois merlettes de sable.

Armes des Dampierre : Tiercé en fasce, au premier de sable, à trois merlettes d'or, au deuxième, d'or plein, au troisième, d'azur, à trois fers de lance.

Philippe du Bard

Philippe (1550) (Vergy).

Il épousa, le 28 janvier 1571, Jehanne Esmonin, fille de Denis Esmonin, petite-fille de Regnault Esmonin et petite-nièce du chanoine.

Cette double alliance avec les Esmonin fait descendre les Esmonin des du Bard et les du Bard des Esmonin.

Philippe eut de son mariage François qui suit et Antoine.

Antoine (1) fut bourgeois à Dijon et épousa Marie Jacquinot. Les Jacquinot avaient pour armes : d'argent, au chevron d'azur, accompagné en chef de deux roses de gueules soutenues de même, et en pointe, d'un croissant aussi de gueules.

Antoine laissa une fille, Bernarde, dont nous ignorons la descendance.

François du Bard

François (1572-1640) (Vergy, Reulle).

Greffier en chef héréditaire de la châtellenie et prévôté royale de Vergy et Bouilland, notaire royal.

Épouse en 1608 Marguerite Boudrot, fille de Pierre Boudrot et d'Hippolyte Robert.

Les Boudrot portaient : d'azur à trois quintes-feuilles d'or, posées deux et une.

Il eut de ce mariage :

1° Antoine (II) qui suit.

2° Hippolyte, marié en 1639 à Sébastien Beaudinet, notaire royal à Chevannes.

3° Pierre, procureur du roy dans la prévôté de Vergy et Bouilland. Il épousa Jeanne Beaudinet. Il laissa un fils Antoine (VI) et une fille, Marie. Antoine eut une fille nommée aussi Marie.

4° Barbe. Elle épousa Jean Belin ou Le Belin, fils de Philibert Belin, juge de Chasan et juge royal à Vergy. Barbe eut une fille mariée à Edme Lebret, procureur du roi à Beaune, d'où sortent MM. Doricy.

Ces derniers n'ont laissé en dernier lieu que deux filles.

La première épousa M. Rocaut, fils de M. Rocaut et de Mᵐᵉ Pelletrat de Bordes. La seconde épousa Modeste de Vitry d'Avaucourt, gentilhomme normand. Aucun enfant n'a survécu de ce mariage et

Modeste épousa en secondes noces Mlle Perrin de
Bonadona.

Les Le Belin de Dionne sont connus.

5° Antoine (III). Il épousa Jeanne Naissant, sœur
de Françoise Naissant, filleule de Damoiselle Françoise de Saumaise. Il eut de Jeanne trois filles et
deux fils. Le premier eut pour parrain, le 8 avril 1655,
Bénigne de Saumaise, seigneur de Villars-sous-
Vergy, Messange, Nanteuil, et époux de Louise-Phi-
liberte de Lafage-Clermont. Il fut nommé Bénigne
Bernard, épousa Pierrette Truchetet et en eut deux
fils Antoine : (V) et Bénigne (II). Bénigne (I), frère
de Bénigne Bernard, eut une fille, Marie. Antoine (III)
fut greffier en chef héréditaire et procureur du roi.

6° François (II). Il se qualifie dans les actes d'état
civil, Du Bard de Reulle. Il mourut en 1675 et fut
enseveli dans l'église de Vergy.

7° Marguerite, qui épousa Pierre Marillet, procureur du roi.

Marguerite Boudrot mourut en 1671.

Jean du Bard (DUBARD) de Collonges, vivait vers
1650. Il est qualifié noble dans les actes d'état civil.
(Degré de parenté inconnu.) La tombe de François
subsiste en partie dans l'église de Vergy. L'écusson
est entouré de branches de laurier. Au sommet est
un ange, dont on voit la tête et les ailes. Il avait
quatre quartiers. Le premier porte deux bars
adossés, surmontés d'une croix recroisettée. Le
second porte trois quintesfeuilles, posées deux et
une. Les autres quartiers ont été brisés.

IV

Antoine du Bard

Antoine (Reulle, Dijon), greffier en chef héréditaire en la châtellenie et prévôté royale de Vergy et Bouilland, bailly des terres et seigneuries de l'abbaye de Saint-Vivant.

En 1662, il épouse Marie de Saumaise-Chasan, dame de Chasan et de Curley.

Il en eut deux fils : Marc-Antoine, qui suit; Pierre-Louis, qui eut pour parrain Pierre Dumay, conseiller au Parlement de Bourgogne, et pour marraine, Louise de Clermont-Lafage, dame de Saumaise. Il mourut sans postérité et fut enseveli dans l'église de Vergy. Antoine eut la même sépulture, ainsi que Marie, qui mourut au château de Chasan, le 30 août 1700.

V

Marie de Saumaise avait pour ascendants :

(1) François de Saumaise-Chasan, seigneur de Chasan, Curley et Chambeuf, procureur général à la chambre des comptes de Bourgogne et Anne-Marguerite Jaquelot, cousine de sainte Jeanne Fremiot de Chantal (159...-1657).

(2) Jérôme de Saumaise, seigneur de Chasan, Curley, Chambeuf, Villars-Fontaine, Nanteuil, Maligny et Catherine de la Tour (1534-1612).

(3) François de Saumaise, seigneur de Chasan et de Chambeuf, maître en la chambre des comptes de Bourgogne et Étiennette Jacqueron de La Motte (12??-1579).

(4) Jean de Saumaise, seigneur de Chasan, gouverneur du château de Vergy et Michel de Scotefert, dame de Bremonde, en Champagne (14..-1526).

(5) Hiérome de Saumaise, chevalier, seigneur de Chasan.

(6) Hugues de Saumaise, capitaine du château de Vergy, mort en 1427. (Chevron accompagné de trois glands.)

(7) Eudes de Saumaise, seigneur de Chasan et gouverneur du château de Vergy.

(8) Jehan de Saumaise, mort en 1335 et Bonne de la Rorée ou de la Roire. (Chevron accompagné de trois glands.)

(9) Odo de Saumaise, gouverneur des armes et de la ville de Dijon (1277).

(10) Étienne, seigneur de Saumaise, chevalier, et Marie de Chasan, fille de Bertrand de Chasan et d'Adélaïde de Vergy. (Trois glands de chêne sur un sceau pendant.)

(11) Barthélemy de Saumaise (?).

(12) Valon de Saumaise (1100).

(13) Reynold, comte de Saumaise (1050).

(14) Humbert.

(15) Milo.

Voir : *La Maison de Saumaise, histoire généalogique,* par M. Jules du Bard de Curley, Chalon-sur-Saône, 1894.

———

Marc-Antoine du Bard de Chasans

Seigneur de Chasans, Curley et Reulle (1663-1710)

Parrain : Marc-Antoine de Saumaise, seigneur de Villars, Messange, Chevannes, Nanteuil, Maizerotte et autres lieux, chevalier de Saint-Jean-de-Jérusalem. Marraine : Marguerite Boudrot.

Il était seigneur de Chasans et d'une partie de Curley par sa mère.

En 1706, il acquit l'autre moitié de la seigneurie en haute, moyenne et basse justice. La seigneurie de Reulle lui vint par succession.

Il acquit la charge de contrôleur des actes des notaires et de dépositaire du petit sceel au bailliage de Beaune.

Il épousa en 1693 Françoise de Vergnette de la Motte.

Il eut de ce mariage onze enfants :

1° Jean-Pierre, né le 7 mai 1694, tenu sur les fonts par M. Mariller et par Jeanne Guyard, Dame de Vergnette, sa grand'mère maternelle, mort en 1696 et enseveli dans la chapelle de Saint-Jean-Baptiste, à Vergy.

2° Antoine, né en 1695, tenu sur les fonts par Antoine du Bard, procureur du Roy et par Madeleine Guyard, mort la même année et enseveli à côté de son frère.

3° Jacquette, née à Beaune en 1696, tenue sur les fonts par Louis Lebret et Jacquette de Vergnette, morte la même année et ensevelie dans le cimetière de la Madeleine.

4° Jeanne, née en 1697, tenue sur les fonts par Claude Lardillon et Jeanne de Vergnette, morte au château de Chasan en 1747 et ensevelie dans la sépulture de famille. Elle a été Dame de Reulle.

5° Madeleine-Jacquette, née au château de Chasan, tenue sur les fonts par Jacques Guillier, procureur à la cour et par Jacquette de Vergnette, morte au château de Chasan en 1722 et ensevelie dans la sépulture de famille.

6° Marie, née au château de Chasan en 1701, tenue sur les fonts par Nicolas Pourcher, avocat à la cour et Marie du Bard, morte et ensevelie aux mêmes endroits que la précédente.

7° Marie-Marguerite, née au château de Chasan en 1703, tenue sur les fonts par Jean de Vergnette et par Marie-Marguerite Martin, sa tante, morte au château de Chasan et ensevelie à Vergy en 1715.

8° Madeleine, née au château de Chasan en 1705, tenue sur les fonts par Pierre Marillier, greffier en chef héréditaire, et par Madeleine Guyard, représentée par Jacqueline de Vergnette, morte au château de Chasan en 1749. Même sépulture.

9° Pierre, né à Chasan en 1706, tenu sur les fonts par Pierre Barollet et par Jeanne du Bard, mort très jeune. Même sépulture.

10° Bénigne-André-Charles qui suit.

11° Jeanne, née en 1710 à Chasan, tenue sur les fonts par M. Magnien, seigneur de Reulle, et par Jeanne du Bard, morte à Nuits en 1741, épouse de

Jacques-François Adelon de Chaudenay, seigneur de Chaudenay-le-Château, lieutenant général à la Table de marbre et officier du génie.

Elle ne laissa point de postérité.

Marc-Antoine mourut à Chasan et fut enseveli à côté de ses pères.

Françoise, le 9 septembre 1739, fonda deux messes dans l'église de Vergy pour être dites à perpétuité, l'une le 17 janvier jour de saint Antoine, l'autre le 4 octobre, jour de saint François.

Dans le même acte il est reconnu qu'elle a droit à un banc seigneurial dans la chapelle de Saint-Jean-Baptiste, 1º comme Dame de Curley, 2º parce que la chapelle sert de sépulture aux Du Bard, de temps immémorial, c'est-à-dire bien avant 1640, car la tombe de François est signalée dans l'acte. Ces messes furent dites jusqu'à la Révolution. En 1855, l'arrière-petit-fils de Françoise obtint de l'évêque de Dijon que ces messes seraient reprises, parce que les biens affectés à cette fondation étaient toujours en possession de la fabrique.

Françoise mourut à Chasan le 22 janvier 1752 à l'âge de 79 ans, et fut ensevelie dans la chapelle. Ce fut la dernière à partager cette sépulture.

VII

Les Vergnette sont originaires du Rouergue. D'après Hector Lebreton de la Doineterie, auteur d'un armorial manuscrit de la Normandie et la recherche des nobles de Normandie par Basin de la Galissonière, les Vergnette remontent à Boson, seigneur de l'entourage de Raymond VI, comte de Toulouse, Boson épousa une fille de ce prince. Une branche des Vergnette du Rouergue vint en Normandie. Ils étaient établis à Évreux en 1570.

En 1660, les Vergnette de Normandie étaient : Jacques, officier au régiment de Normandie ; François, seigneur de Gossière et de Hardamton ; Élisabeth, morte sans alliance ; Catherine-Marie, épouse de Jean Guyard ; Françoise-Gabrielle, mariée à Joseph Charmeau, écuyer, seigneur d'Horaine, et aïeule des comtes de Rouvray, des Bougainville, et des comtes de Tilly (Pairs de France en 1841).

Jacques était très lié avec Philibert Viennot, seigneur de la Motte-Gigny et de la Boutière. Philibert, en mourant, légua ces deux terres à Jacques qui vint s'établir en Bourgogne en 1665, et en 1666 épousa la veuve de Philibert, Jeanne Guyard, dont il eut, entre autres enfants, Françoise.

François, resté en Normandie, fit ériger en comté la terre de Hardampton, par lettres patentes du 22 août 1674, données à Marly. Cette branche s'est éteinte en 1839, dans la personne de Charles-Victor, fils de Victor-Constantin, premier page de Louis XV, mort en 1817, maréchal de camp.

Gérard-Élisabeth-Alfred de Vergnette, descendant au cinquième degré de Jacques, releva le titre de vicomte.

Armes des Vergnette de Normandie : d'azur au chevron d'argent, chargé de trois étoiles de gueules et accompagné de quatre étoiles d'or, trois en chef et l'autre en pointe.

Armes des Vergnette de Bourgogne : d'azur à un aulne de sinople accompagné en chef de deux étoiles d'azur et en pointe d'une couleuvre rampante de gueules.

VIII

Bénigne-André-Charles du Bard de Chasan

(1707-1780)

Écuyer, seigneur de Chasan, Curley, Ternant, Semesange, Quemigny Marcheseuil, Lassons, La Cras, Les Rocherons, Prenevelle et autres lieux.

Né le 28 novembre 1707 au château de Chasan.

Baptisé, le 20 décembre, dans l'église de Chambeuf.

« Parrain : Messire Bénigne-André de Fleutelot. conseiller du roi au Parlement de Bourgogne, seigneur de Beleuvre et autres lieux. Marraine : Damoiselle Catherine-Charlotte Regnault de Saint-Quentin, dame de Villars et autres lieux. »

Élève de droit à Paris.

Reçu avocat au Parlement de Bourgogne en 1729.

Conseiller auditeur à la chambre des comptes de Bourgogne et Bresse de 1747 à 1767.

Obtient des lettres d'honneur le 5 août 1767.

Reçu la même année comme conseiller maître ordinaire en la cour et chambre des comptes, aides et finances du comté de Bourgogne.

Reçoit des lettres d'honneur en 1771.

Mort à Beaune le 3 janvier 1780 et enterré, comme seigneur de Chasan, près de l'église de Notre-Dame. Ses armes se voyaient, jusqu'à la Révolution, dans la chapelle des Saumaise.

Il avait épousé à Chasan, en 1751, Françoise-Étien-
nette Barault, fille restée unique de Nicolas-Jean
Barault.

Il en eut trois fils : Philibert-Jean-Louis-Fran-
çois-Henri et Alexandre-Anne qui suivent.

Françoise se distinguait par les charmes de sa
personne, la finesse de son esprit et la délicatesse
de ses sentiments.

Gaspard Monge était le fils d'un honnête rémou-
leur de la rue Couverte, à Beaune. Le jeune homme
était bègue, mais très intelligent. Il avait des succès
éclatants au collège de Beaune.

Françoise le remarqua et le prit en telle affection
que dans ses lettres elle l'appelait son fils. Elle le
recommanda à un parent de son mari, Monsieur du
Vigneau, directeur de l'École du génie de Mézières.
Elle put se flatter d'avoir commencé la fortune de
Monge qui n'oublia jamais ce service.

Messieurs du Vigneau étaient parents de Bénigne
par les Barollet. Bénigne était aussi apparenté avec
les Carnot.

Une branche de cette famille resta toujours royaliste.
Elle s'allia avec les Daubenton qui ont produit le
célèbre naturaliste et le confesseur de Philippe V.
Elle s'allia aussi aux Boissieu bien connus à Lyon.

Aux approches de la Révolution, Françoise voulant
pourvoir au sort de ses fils, eut l'idée de les faire partir
pour la Hollande et de les faire entrer au service du
Stathouder. Il y avait alors à Amsterdam un Saumaise
colonel des gardes à cheval du Stathouder, pendant
qu'un autre Saumaise, à La Haye, commandait une
compagnie suisse. Ces Messieurs, pressentis pour
savoir s'ils étaient disposés à protéger leurs parents,

répondirent affirmativement. Ils ajoutèrent que les
fils de Bénigne détenaient les biens confisqués à la
branche protestante des Saumaise lors de la révoca-
tion de l'édit de Nantes. Ce dernier point était inexact.
Le projet n'eut pas de suite.

Lors des élections aux États-Généraux, Françoise
aurait pu prendre part à l'élection par procureur.
Elle ne voulut pas user de ce droit et crut bien faire
en se substituant Messieurs du Vigneau.

Ceux-ci n'ayant point de fiefs ne pouvaient être
électeurs. C'est pourquoi Françoise leur céda « par
vente fictive et à cette seule fin qu'ils puissent
prendre part à l'élection » le fief de Curley. Héritière
de son mari en 1780, elle testa en faveur de ses fils
en 1789.

Les Barault n'existent plus. Ils portaient : d'azur au chevron d'or, accompagné de deux étoiles d'argent en chef et d'une foi de même en pointe.

D'après la tradition des Barault, Jean-Nicolas étant secrétaire du comte de Grammont, gouverneur du comté de Bourgogne, découvrit une conspiration ayant pour but de faire retomber cette province sous la domination espagnole. Nous ne sommes pas en mesure de dire si l'histoire trouve trace d'une conspiration de ce genre ourdie à cette époque. En tous les cas, la ville de Besançon donna en 1707 à Jean-Nicolas des lettres de citoyen pour lui et sa postérité.

En 1713, il devint procureur du roy et syndic de la ville d'Autun.

Il fut vierg (maire) d'Autun pendant douze ans, de 1723 à 1735.

Sur la recommandation du prince de Condé, il fut élu comme député aux États de la province de Bourgogne et y siéga en 1724, 1725 et 1726.

Il était oncle de Claude Niepce de Saint-Victor. Celui-ci fut le père de Josph Nicéphore, inventeur de l'héliographie.

Les Barault touchaient de près, par les Leschenault, aux Blancheton, comtes de la Rochepôt, barons de Meursault et de Saint-Romain.

X

Philibert-Jean du Bard de Ternant

Chevalier de Saint-Louis, lieutenant-colonel du génie (1753-1833)

Né à Beaune le 23 septembre. Baptisé le 24.

Parrain : Philibert de Verguette, maître à la Cour des Comptes du Comté de Bourgogne. Marraine : Jeanne Barault, hospitalière à Chalon.

Il entra à l'École militaire de Mézières en 1769, en sortit en 1771 et se trouvait à Belfort en 1791 avec le grade de capitaine.

Ce fut de là qu'il émigra pour se rendre à l'armée des princes, dont il fit toutes les campagnes. Il fut reçu chevalier de Saint-Louis en 1798. Le brevet qui lui fut accordé en 1816 porte ces mots : « Avec faculté de tenir rang parmi les autres chevaliers du dit ordre, à partir du huitième jour du mois de février de l'an de grâce 1798, où, en vertu des pouvoirs donnés par nous, il a été nommé et reçu chevalier du dit Ordre par le marquis de Vienne, capitaine de vaisseau. »

Après le licenciement de l'armée de Condé, il s'établit à Fribourg-en-Brisgau, où il épousa, en 1799, Caroline-Catherine Klein.

Les Klein ont été magistrats dans le grand-duché de Bade et officiers au service de l'Espagne. Caroline était proche parente du général comte Klein, créé pair de France par Louis XVIII.

Il eut une fille, Antoinette, dont il sera question plus loin. Philibert rentra en France en 1802, à la suite du décret d'amnistie pour les émigrés et s'établit à Semur-en-Auxois. Il reprit du service en 1814 et suivit le roi à Gand.

Il se retira avec le grade de lieutenant-colonel et mourut chez sa fille au château d'Entre-Deux-Monts. Catherine Klein mourut le 12 décembre 1835, à Nuits.

Antoinette du Bard de Ternant

Née à Fribourg en 1799, eut pour parrain M. de Savines, gentilhomme Dauphinois.

Le 24 janvier 1826, elle épousa Adolphe Barbier de Reulle, ancien garde du corps.

Les Barbier, châtelains de la ville de Moras en Dauphiné, furent anoblis par le roi Charles VII, en 1430, pour un haut fait d'armes. Ils se sont alliés aux comtes de Saint-Germain, dont un fut ministre sous Louis XVI.

XII

Louis-François-Henri du Bard de Chasan

Chevalier de Saint-Louis, capitaine d'artillerie, commandant de
la citadelle de Besançon (1763-1837).

Né à Beaune le 23 septembre.

Parrain : François-Henri Moisson, domestique de
M. de Chasan. Marraine : Marguerite Gurgy, aussi
domestique. L'enfant étant arrivé avant terme, on
n'avait pas eu le temps de faire des invitations pour
le baptême.

Louis, destiné d'abord à l'état ecclésiastique, s'a-
perçut qu'il n'avait pas la vocation suffisante et entra
à l'École d'artillerie de Metz en avril 1781.

Il était capitaine d'artillerie à Strasbourg en 1791.
C'est de là qu'il émigra, pour se rendre à l'armée de
Condé. Il fit toutes les campagnes de cette armée
dans le corps de l'artillerie. Le certificat qui lui fut
donné pour celle de 1792 est signé par MM. Le Begue,
de Fraisans, de Buyer, d'Arnoulh de Fontenay.

Il rentra en France en 1802 et s'établit à Dijon. Il
avait épousé, pendant l'émigration, la veuve d'un général autrichien. En 1803, il épousa en secondes
noces Marie-Christine-Frédérique de Brachet. Les
Brachet se croisèrent en 1248. Louis n'a pas laissé

de postérité. En 1816, il reçut la croix de Saint-Louis. En 1829, il remplaça le marquis de Richard au commandement de la citadelle de Besançon. En 1830, il refusa le serment.

Il mourut le 20 janvier 1837, dans les sentiments de la piété la plus édifiante.

XIII

Alexandre-Anne du Bard de Curley

(1766-1849)

Né à Beaune le 22 mai.

Parrain : Claude-Alexandre Ganniard de Baissey, écuyer, seigneur de Baissey-la-Cour, Chancelay, Joursanvault et autres lieux. Marraine : Dame Guyard, épouse de Claude de Berbis, écuyer, seigneur de Corcelles-les-Arts, etc.

Alexandre se destinait à la marine militaire. Sur les instances de sa mère, il fit son droit, fut reçu avocat et allait succéder au parlement de Bourgogne, à M. Lorenchet de Montjamon, lorsque la prise de la Bastille, le 14 juillet 1789, vint changer le cours de ses idées. Il n'était pas partisan de l'émigration, mais il ne put refuser d'accompagner sa mère. Il partit donc avec elle et avec son cousin, le baron de Meursault, en mai 1791. Ils se fixèrent au village de Saint-Aubin, dans la principauté de Neufchâtel, en Suisse.

Rentré en France, le dernier baron de Meursault eut une fille Anne, qui épousa Anatole Leclerc de Juigné, comte de Lussigny. De ce mariage est né un fils, François.

Alexandre et sa mère restèrent à Saint-Aubin jusqu'en 1796. Françoise y mourut le 30 octobre. Après le décès, le chef de la commune vint trouver Alexandre et lui offrit une concession gratuite et perpétuelle pour la sépulture de sa mère. Alexandre remercia, mais déclara que sa mère, catholique avait manifesté le désir de reposer en terre catholique. En conséquence, Françoise fut enterrée le 1er novembre dans la commune catholique de Crossier.

Françoise avait été mise avec ses deux premiers fils sur la liste officielle des émigrés.

Alexandre se trouvait sur toutes les listes particulières et avait été oublié sur la liste générale. Tous leurs biens furent confisqués et vendus, à l'exception des forêts dont l'État et les communes se réservaient la jouissance. Le magnifique fief de Ruffey, dit la Comarène, acquis par Françoise, des marquis de Damas et l'un des meilleurs crus de Bourgogne, tomba entre les mains du Conventionnel Oudot. Alexandre jouissait de la considération générale. Simon d'André, châtelain de la Baronnie de Brossier, lui délivra un certificat très élogieux. En 1798, l'approche des armées révolutionnaires le força de fuir. Il s'enfonça en Allemagne, séjourna successivement dans plusieurs villes de cette contrée et finit par se fixer à Fribourg-en-Brisgau, auprès de son frère. En 1799, le ministre de la guerre Carnot s'étant rendu à Bâle pour une mission particulière, Alexandre alla le trouver.

L'entrevue fut amicale, comme il convenait entre parents, mais sans réticence Alexandre reprocha à Carnot son vote régicide. Celui-ci chercha à l'excuser par ces paroles textuelles: «Si nous ne l'avions

tué, il nous aurait tués. » Alexandre demanda ensuite
à Carnot, s'il y avait sûreté pour lui à rentrer en
France. Carnot lui répondit : « Je ne vous le con-
seille pas. Le temps n'est pas encore venu de le
faire. » Alexandre ne suivit pas ce conseil et rentra
immédiatement. Pour tromper la surveillance de la
police, il se rendit directement à Paris.

Ses ressources étaient des plus modestes. Sa mère
avait émigré, emportant une somme de 50,000 fr.,
s'imaginant entreprendre un voyage de quelques
mois. Il y avait neuf ans de cela. Comme il n'était
pas sur la liste officielle des émigrés, il put rentrer
en possession des bois de Ternant.

Alexandre épousa à Soulz en 1804, Adélaïde Phi-
lippine d'Anthès de Blotzheim, seconde fille de
François-Xavier-Georges d'Anthès de Blotzheim,
ancien seigneur de Soulz et de Marie-Anne-
Suzanne de Reuthner de Veyl. Adélaïde, née en
1777, mourut à Nuits en 1843. De ce mariage
naquirent Alexandre-Philibert-Joseph, Jules-Jean-
Baptiste qui suivent et Louise-Marie qui mourut
sans postérité.

Alexandre traversa la fin du XVIII° siècle et les
épreuves de l'émigration sans que sa foi chancelât
jamais. Ses vues religieuses étaient larges. Un jour,
il trouva chez un de ses cousins, le baron de Latouche, un certain nombre de lettres autographes de
Voltaire. On les avait mises au rebut et on voulait
les détruire. Alexandre les lut et il lui parut que plus
on connaîtrait cet esprit étrange, mieux cela vaudrait
pour la vérité. Il communiqua les autographes à
M. Foisset qui fut de son avis et les édita. C'était
un chef de famille très chrétien. Il ne voulut pas

pour ses fils de l'éducation universitaire. Aux premières approches du danger, il demandait pour les siens l'administration des sacrements. Dieu l'en récompensa. Les prédications du célèbre Père Jandel, à Chalon-sur-Saône, le préparèrent à la mort.

Alexandre croyait que sa famille se rattachait aux anciens seigneurs de Bar-sur-Seine (comtes de Bar).

XIV

(1) Les Anthès sont originaires du Palatinat, où ils tenaient un rang distingué et remplissaient des fonctions consulaires. Leurs armes primitives sont trois canetons.

(2) Un d'eux vint s'établir en Alsace sous le règne de Louis XIV et se mit à la tête des forges de la province. C'était un ardent luthérien. Il laissa deux fils. L'un d'eux, Henri, continua la famille.

(3) Henri d'Anthès, écuyer.

Il avait reçu une éducation où ne manquèrent ni les éloges de Luther, ni les dissertations sur la prétendue protection dont Dieu entoure son œuvre. On avait forcé la note. Peut-être le jeune homme avec l'exagération naturelle à son âge la força-t-il lui-même. Bref, dans la pensée d'Henri, Dieu se devait de préserver de toute profanation, de toute apparence de profanation, les mystères de la foi véritable; erreur qui allait le conduire à la vérité. Un jour qu'il était au temple et se disposait à faire la Cène, son chien se précipita sur le morceau de pain et l'avala. Ce fait insignifiant troubla Henri. Les conversations des catholiques, ses amis, lui revinrent en mémoire, et il résolut d'étudier sérieusement la question religieuse. Dieu l'éclaira, et il abjura le

luthéranisme entre les mains de l'Église catholique.
A cette nouvelle, son père entra dans une terrible
colère et se précipita sur son fils, l'épée haute, pour
le tuer. Le jeune homme trouva asile dans la maison d'un de ses amis catholiques.

Henri fonda en Alsace la première manufacture
d'armes blanches et, à partir de ce moment, la France
cessa d'être tributaire des pays étrangers. Des
lettres patentes, datées de Versailles le 15 juillet 1730, lui assurent le monopole de la fabrication.
Par d'autres lettres en forme de charte et datées de
Versailles, du mois de décembre 1731, Louis XV
l'anoblissait avec sa postérité née et à naître, en lui
donnant pour armes trois épées.

Il épousa Catherine Sitter, fille d'un bailli des
environs de Souly. C'était une femme d'une intelli-
gence et d'une énergie peu communes, dont il eut
quatre enfants.

(4) Marie-Anne épousa, en premières noces,
Nicolas de Salomon, écuyer, d'où sortent les barons
de Vellexon et de Vaudrey. Elle épousa, en secondes
noces, Louis-Antoine Desmier, comte d'Archiac,
lieutenant-général, grand-croix de Saint-Louis,
dont les princes de Beauveau Craon, les comtes de
Bourdeille, les marquis de Randon de Pully.

Françoise-Geneviève épousa Henri-Frédéric de
Latouche, baron de Cernoy, petit-fils d'un lieute-
nant général et apparenté avec l'ambassadeur de
France à la cour de Prusse. Les Guyot, marquis de
Maïche, se rattachent à cette alliance.

Jean-Georges, prêtre et chanoine d'Harlach.
Jean-Philippe qui suit.

(5) Jean-Philippe d'Anthès, baron de Longepierre,

seigneur du marquisat de Villecomte, de Blotzeim, de Nambzeim, de Bringeim, membre du Conseil souverain d'Alsace.

Il épousa Marie-Élisabeth Démougé, fille de N. Démougé, membre du Conseil souverain, et en eut six enfants :

Marie-Anne épouse Jean-Philippe, baron de Reich de Platz (sans postérité).

Marie-Françoise épouse Philippe-Thomas-Pépin Grillot, comte de Predlys.

Marie-Anne épouse Joseph-Antoine-Jean-François de Müller, membre du Conseil souverain d'Alsace, Préteur royal à Colmar, d'où MM. Schiélé, de Golbery, Adolphe Gillet de Thorey.

François-Henri, baron de Longepierre, membre du Conseil souverain et l'un des derniers présidents à mortier du Parlement de Bourgogne, mort sans alliance.

François-Philippe, seigneur d'Aprex, mort sans alliance.

François-Xavier-Georges qui suit.

(6) François-Xavier-Georges d'Anthès de Blotzheim, seigneur, avec l'évêque de Basle, de la ville de Soulz.

Il épousa Marie-Anne-Suzanne de Reuthner de Weil. Les Reuthner avaient les 32 quartiers requis pour les chapitres et étaient alliés aux plus grandes familles de l'Alsace. Un oncle de Marie-Anne était grand commandeur de l'ordre Teutonique. De ce mariage, sept enfants :

(7) N. d'Anthès, décédé à l'âge de vingt ans.

Jean Conrad, baron d'Anthès, député sous la Restauration, membre du Conseil général, chevalier de la Légion d'honneur, épousa la comtesse de Hatzfeld, nièce du prince de ce nom.

Jean-Baptiste-César, baron d'Anthès, officier au régiment Royal-Allemand, épousa Irène Burignot de Varenne.

Charles Donat, baron d'Anthès, adjudant-major des pages de Charles X, épousa Adèle, comtesse de Valdner de Freundenstein.

Henriette épousa Jean-Grégoire Mirlaud de Neuville, comte de Belle-Isle, maréchal de camp et gouverneur des pages de Charles X.

Antoinette épousa son cousin, issu de germain, le baron de Latouche.

Adélaïde-Philippine épousa Alexandre-Anne du Bard de Curley.

(8) De Jean Conrad :

Georges d'Anthès, baron de Heckeren, adopté par l'ambassadeur de Hollande à Saint-Pétersbourg et à Vienne, chevalier-garde de l'impératrice de Russie, gendre du général Goutchakof, représentant du peuple, sénateur de l'Empire, commandeur de la Légion d'honneur.

Alphonse, baron d'Anthès, mort sans postérité.

N. d'Anthès épousa le comte Marron de Cerzey autorisé par Louis XVIII à relever le nom de Lusignan, comme descendant, par sa grand'mère, des anciens rois de Jérusalem.

Nanine, morte sans alliance.

La baronne Mertian.

Adèle.

De Jean-Baptiste-César : Philippe, baron d'Anthès ; Octavie épouse N. Esmandart de Bournonville ; N. épouse Auguste Hennessy.

De Charles Donat : Théodore, baron d'Anthès, mort au siège de Sébastopol.

De Henriette : Louis, Albert, Henriette, mariée à Alexandre du Treil, baron de Pardailhan.

D'Antoinette : Alphonse, et Amélie, mariée à M. de Morlet.

XV

Alexandre-Philibert-Joseph du Bard de Curley
(1805, 1874)

Né à Dijon le 10 octobre. Baptisé le 12 à l'église de Saint-Michel.

Parrain : Philibert-Jean du Bard de Ternant.

Marraine : Marie-Anne-Joséphine Suzane, baronne libre de Reuthner de Weyl, chanoinesse de l'abbaye équestre de Mazevaux, dame d'Anthès.

Il épousa à Paray-le-Monial, en 1833, Madeleine-Antoinette (Octavie) de Guillermin.

Il mourut à Paray-le-Monial le 11 août 1874.

XVI

Les Guillermin, que quelques-uns font originaires d'Avignon, s'établirent de bonne heure dans le Mâconnais, où ils ont possédé les fiefs d'Aliers, de Neuzière, de la Matronille, de Montpinay, de Courcenay, de Saint-Romain. Ils ont pour emblème héraldique unlion tenant une épée.

Sébastien de Guillermin, écuyer, seigneur d'Aliers et de Neuzière, sous-brigadier des gendarmes du roi (Louis XIII). Il se distingua à Gravelines (1643, 1644), Mardick, Béthune, Armentières, Menin (1645), Courtray, Dunkerque (1646), La Bassée, Lens (1648). Il reçoit des lettres de noblesse en 1673.

François et Alexandre, fils du précédent, officiers dans les armées de terre.

Antoine-Hilaire, lieutenant-colonel d'infanterie, fait ériger en comté la terre de Courcenay (1773).

Jean-Baptiste-Alphonse, capitaine de cavalerie et chevalier de Saint-Louis.

Alphonse-Adrien épouse Justine Guillaume de Sermizelles, fille d'un grand-croix de saint Louis, dont Madeleine-Antoinette-Octavie.

Autres alliances : Busseuil, Foudras, Des Royers, Maynaud de Lavaux et de Pancemont, chevalier des Raviers, d'Ouroux et de Mont-Ronnal, Léonardy. Devise : La guerre est ma patrie, mon harnais, ma maison et en toute saison, combattre c'est ma vie.

XVII

Jules-Jean-Baptiste du Bard de Curley

(1809)

Né à Dijon le 8 mars. Baptisé le 9 dans l'église de Saint-Bénigne.

Parrain : Dom Trémolet, dernier prieur cloîtrier de l'abbaye de Saint-Vivant. Marraine : Marie-Anne-Françoise de Muller, dame Gillet de Thorey.

Il épousa en premières noces, à Chalon-sur-Saône, le 5 septembre 1836, Françoise-Constance-Théodorine (Laure) Sousselier de la Tour, née à Chalon le 6 juillet 1816.

Il épousa en secondes noces, le 30 juillet 1868, Claire-Éléonore de Vall eton.

XVIII

(1) Edme Sousselier (1580-1658), conseiller de
ville, épousa en secondes noces et en 1618, Denise
Brunet, des Brunet, maire de Chalon en 1654. Il
maria sa fille Françoise à Claude Martène, appelé le
capitaine de Martène, illustré par la défense de
Saint-Jean-de-Losne, père de Dom Martène et anobli
par Louis XIII. Edme fut enseveli dans les cryptes
de l'hôpital de Saint-Laurent avec cette épitaphe :

CY GIST

SIEUR EDME SOUSSELIER

CITOYEN DE CHALON

QUI DÉCÉDA LE 8º JOUR DE FÉVRIER 1658

AGÉ DE 78 ANS 7 MOIS

PRIEZ DIEU POUR LE REPOS DE SON AME

(2) Guillaume Sousselier épousa en 1640 Marie
Morel (de Villiers).

(3) Claude Sousselier, seigneur de la Tour de
Bissey, lieutenant de la bourgeoisie, échevin. Il
épousa en 1687 Claude Clerc.

(4) Guillaume Sousselier, seigneur de la Tour de
Bissey et de Vertambeau (franc-alleu), conseiller
secrétaire du roi, maison et couronne de France,
avocat au Parlement de Bourgogne. Il épousa en 1716
dame Eulalie Patissier (de la Forétille).

(5) Claude Sousselier, seigneur de la Tour de
Bissey, du même Bissey, de Vertambeau, de La

Charmée. Il épousa en 1764 Marie-Constance Uchard des Garossons.

Ce fut un esprit ouvert, curieux, chercheur, perspicace, quelque peu téméraire. Il passa sa jeunesse dans les colonies. De retour en France, il s'occupa de sciences physiques et physiologiques. Puis, sans diplôme, sans étude dans aucune Faculté, sans estime pour la pratique de son temps, il se mit à traiter les malades de ses terres et des environs. Il ne recevait rien et payait même les journées de travail dont la maladie privait les ouvriers. Les résultats du traitement par l'électricité furent remarquables. Tout cela l'entraîna dans de grandes dépenses et dans de grands débats avec les docteurs; ses expériences d'hypnotisme peuvent soutenir la comparaison avec les plus récentes. Il consigna ses idées, ses observations et ses recherches dans plusieurs brochures, devenues difficiles à trouver : L'AMI DE LA NATURE, LE SOLEIL DE LA VÉRITÉ, etc., qui valent mieux que leurs titres. Malheureusement, à côté de vérités précieuses, on y rencontre des rêveries.

Il n'émigra pas et fut jeté comme ancien noble, ainsi que sa femme, dans les prisons de Chalon. Le 9 thermidor lui sauva la vie. Ses deux fils, Jean-Baptiste-François et Claude, étaient à l'armée de Condé.

(6) Claude Sousselier de la Tour, chevalier de Saint-Louis, officier au régiment noble à cheval d'Angoulême (1776-1827).

Il se distingua à l'armée des princes et y fut nommé chevalier de Saint-Louis, ainsi que l'atteste le certificat délivré par MM. Morel de Quemigny,

DU BARD

48

le colonel comte François de Vauban et le comte de Scorailles. Il reçut le brevet de l'Ordre ainsi que son frère en 1815. Pendant les Cent-Jours, Claude épousa Élisabeth-Constance David, des David, seigneurs de Balmes et de Lusigny, conseillers au Parlement de Besançon, alliés aux Durand, de Lacuisine, Lorin de Reure, Lorin de La Fargière, Barbey, de La Rue, etc., etc., une des plus anciennes familles de Louhans (voir Courtépée). Ce fut grâce à l'intervention d'Élisabeth-Constance que le drapeau blanc fut arboré à Chalon en 1814. Elle mourut le 7 octobre 1876 après une vie remplie par les bonnes œuvres.

(7) Claude et Élisabeth eurent trois enfants : Françoise (1816-1857), Jean-Baptiste-François-Frédéric, mort en 1829, et Claudine-Élisabeth-Marie, mariée à Louis-Sophie-Étienne Labbé de Lagénardière.

(8) Autres alliances des Sousselier : Charpy, Poumey, Guéret de Granaut, Mercier de Mercey, Desprès de Gésincourt, Vitte, Chambosse, barons Martin de Gray, Perruchot de La Bussière, Vivien, marquis de Bricqueville, Varenne de Fenille, de Ruffieu. Le fief de la tour de Bissey est dans cette famille depuis 1688. Leur maison de ville, contiguë à l'évêché, porte sur sa partie antérieure une niche avec une statue de la Vierge appelée autrefois Notre-Dame-du-Limon. L'autre façade, beaucoup plus grande, avait la vue libre jusqu'aux remparts de la ville et aucune maison ne pouvait être construite entre elle et les fortifications. Ce privilège disparut à la Révolution sous les usurpations particulières. Les armes des Sousselier, un chevron accompagné de trois soucis, sont gravées sur la tombe d'Edme.

XIX

En 1848, Albert de Ferette-Florimont, et sa première femme, Caroline, comtesse de Thurn et de Valsassina, fondèrent, à Fribourg (Brisgau), un chapitre de chanoinesses sous le nom d'Albert-Caroline. Le matricule des familles ayant entrée à ce chapitre se divise en trois catégories. La première contient les familles alliées à celles des fondateurs jusqu'au douzième degré. La seconde contient les familles d'ancienne noblesse de la Haute-Alsace et du Brisgau. La troisième contient les familles de gentilshommes établis depuis dix ans dans la Haute-Alsace et le Brisgau. Dans la première catégorie, on trouve les familles françaises suivantes :

Cinquième degré : Comtes de Salignac Fénelon, comtes de Scey.

Sixième degré : Comtes de Jouffroy.

Septième degré : Barons d'Audlau, d'Anthès, de Latouche, de Curley, de Drais, de Neveu, de Belle-Isle.

Huitième degré : Barons de Beausse.

Dixième degré : Barons de Cail.

D'après une correspondance de Rome du 25 juin 1846 à l'*Écho français*, Albert de Ferette viendrait d'une branche des Feretti qui ont produit Jean Mastaï-Feretti, élu pape le 16 juin 1846, après quarante heures de conclave (Pie IX).

4

XX

M. du Bard de Curley

Le 5 mars, nous avons vu s'éteindre, à Paray-le-Monial, âgé de 83 ans, dans la paix du Seigneur, une sainte figure en Jules-Jean-Baptiste du Bar de Chasans de Curley, né à Dijon, fils et petit-fils des seigneurs de Chasans et de Curley, et de Mlle d'Anthès. Par sa mère il tenait à une des familles les plus considérables de l'Alsace, et par son père il représentait, en Bourgogne, tout ce qu'il y a de grand. Descendant de Marie de Saumaise de Chasan et de Vergy ; cette dernière touchait à la plupart des familles souveraines de l'Europe. Rien de plus modeste que ce grand chrétien, gentilhomme fort érudit ; il avait toute sa vie travaillé à ramasser une foule de documents sur le vallon de Vergy et la Bourgogne, puis formé une belle bibliothèque qu'il donna de son vivant à la résidence des Jésuites de Paray-le-Monial. Les RR. PP. la conserveront comme un pieux souvenir.

Dans son intimité, Jules de Curley se faisait une gloire de sa parenté avec sainte Jeanne de Chantal, et d'être le petit-neveu de la mère de Saumaise, que le ciel avait donnée comme supérieure à celle qu'il avait choisie pour révéler aux hommes les grâces de son divin cœur, la *Bienheureuse Marguerite-Marie*. Aussi Jules de Curley a voulu passer les dernières année de sa vie et mourir dans la ville du Sacré-Cœur qui lui a accordé de grands regrets. Il laisse dans ce monde une pieuse femme, compagne de ses derniers jours, un fils Jésuite, seul héritier de son nom, et une fille Mme Girard de la Brely. En finissant ces lignes, je me permettrai d'émettre le vœu qui était le sien, de voir le grand nom de Chasans, relevé un jour par un des enfants de ses nombreuses nièces, filles de son frère Alexandre, auquel Paray-le-Monial doit tant d'améliorations.

Cte DE MAYOL DE LUPÉ.

(Extrait du *Bulletin héraldique de France*.)

XXI

LETTRE DE PART

M

Madame Jules du BARD de CURLEY, née de VALLE-
TON ; le Révérend Père du BARD de CURLEY, religieux
de la Compagnie de Jésus ; Madame de la BRÉLY, née du
BARD de CURLEY ; Madame ALEXANDRE du BARD de
CURLEY, née de GUILLERMIN ; Monsieur LOUIS de LA-
GÉNARDIÈRE et Madame Louis de LAGÉNARDIÈRE,
née SOUSSELIER de LATOUR ; le Comte de VALLETON ;
Madame SISTERON ; la Vicomtesse de PONS, née du BARD
de CURLEY ; Monsieur HENRI de RÉGNIER et Madame
HENRI de RÉGNIER, née du BARD de CURLEY ; Mon-
sieur HENRI de RÉGNIER et Mademoiselle ISABELLE de
RÉGNIER ; Monsieur BARRIÉ, Madame BARRIÉ, née du
BARD de CURLEY, Monsieur JOSEPH et Mesdemoiselles
THÉRÈSE et MARIE BARRIÉ ; Madame GUILLEMOT, née du
BARD de CURLEY ; Monsieur HENRI de MAINBRAY et
Madame HENRI de MAINBRAY, née du BARD de CURLEY ;
Monsieur JACQUES de MAINBRAY ; la Baronne MERTIAN ;
le Baron et la Baronne de SOUCY ; Messieurs ANDRÉ et
JACQUES, Mesdemoiselles CLOTILDE et RENÉE de SOUCY ;
le Baron de HÉECKEREN, ancien sénateur de l'Empire ;
le Baron et la Baronne de HÉECKEREN, Messieurs GEORGES
et LOTHAIRE, Mesdemoiselles CATHERINE et MARIE de HÉEC-
KEREN ; la Comtesse VANDAL, le comte ÉDOUARD VAN-
DAL ; Madame METMAN, Monsieur et Madame LOUIS

METMAN, Messieurs Charles et Henri METMAN, Monsieur Bernard METMAN ; la Baronne d'ANTHÈS ; le Baron et la Baronne de MAIZIÈRE et leurs enfants ; le Comte et la Comtesse de SOURDON et leurs enfants ; le Baron et la Baronne de PARDAILLAN, Monsieur René de PARDAILLAN ; Monsieur et Madame de BOURNONVILLE, Monsieur Charles et Mesdemoiselles Marie et Marguerite de BOURNONVILLE ; Monsieur Jacques HENNESSY ; la Comtesse de DANRÉMONT, Monsieur Charles de DANRÉMONT ; la Comtesse de CHARNACÉ ; le Baron et la Baronne de LATOUCHE ; Mademoiselle Marie de LATOUCHE ; le Colonel de MORLAINCOURT et Madame de MORLAINCOURT ; la Comtesse de BELLE-ISLE, chanoinesse à Vernon ; le Comte et la Comtesse Jean de BELLE-ISLE ; Monsieur et Madame de REULLE de SAINT-GERMAIN ; Messieurs Bernard et Hubert de REULLE de SAINT-GERMAIN ; Madame Edgard de LAGÉNARDIÈRE ; Monsieur Étienne de LAGÉNARDIÈRE, capitaine de Chasseurs et Madame de LAGÉNARDIÈRE ; le Comte et la Comtesse Octave de MAYOL de LUPÉ ; la Vicomtesse de VALLETON, née de JOVER ; Monsieur Raoul de LAGÉNARDIÈRE, Mademoiselle Marie de LAGÉNARDIÈRE ; Madame de la BUSSIÈRE ; Madame de LATOUR ; la Baronne MARTIN ; Monsieur et Madame ARCELIN et leurs enfants ; la Comtesse de BRICQUEVILLE et ses enfants ; Mademoiselle Marguerite MARTIN ; le Comte et la Comtesse de BELLEFON et leurs enfants ; Monsieur Adrien HACHARD ; Madame ROBERT ; Monsieur et Madame Arthur de THOREY ; Monsieur et Madame Marcel de THOREY ; le Comte de GOLBERY et ses enfants ; Monsieur et Madame de CHALONGE et leurs enfants ; Madame Marie SISTERON, religieuse de la Retraite ; Madame Valentine SISTERON, religieuse de la Visitation ; Monsieur Maurice SISTERON ; Mademoiselle Sara de la CHAPELLE ; Madame de FONTENAY ; Monsieur Amédée de la CHAPELLE ; Monsieur et Madame Octave GIRAUD et leur fille ; la Vi-

comtesse de BAUX; Monsieur et Madame HENRI CAR-
RIÈRE ; Mademoiselle du CLUSEL,

Ont l'honneur de vous faire part de la perte douloureuse
qu'ils viennent d'éprouver en la personne de

Monsieur Jules-Jean-Baptiste du BARD de CURLEY

leur époux, père, beau-frère, oncle, grand-oncle et cousin,
décédé à Paray-le-Monial, le 5 Mars 1892, à l'âge de 83 ans,
muni des Sacrements de l'Église.

PRIEZ POUR LUI!

Chalon-sur-Saône, le 7 Mars 1892.

XXII

Épitaphe

CI GIT
EN ATTENDANT LA BIENHEUREUSE RÉSURRECTION
JULES-JEAN-BAPTISTE DU BARD DE CURLEY,
NÉ A DIJON LE 9 MARS 1809,
MORT A PARAY-LE-MONIAL LE 5 MARS 1892.
IL A VÉCU SANS MENTIR ET SANS VARIER.
BEATUS VIR QUI TIMET DOMINUM.

L'écusson porte les armes de François du Bard, écartelées avec celles des Saumaise.

CHALON-SUR-SAÔNE, IMP. L. MARCEAU, E. BERTRAND, SUCCᵣ.